Dekorative Kerzen
Gestalten mit Verzierwachs

Irmgard Hurtz

Dekorative Kerzen
Gestalten mit Verzierwachs

ENGLISCH VERLAG

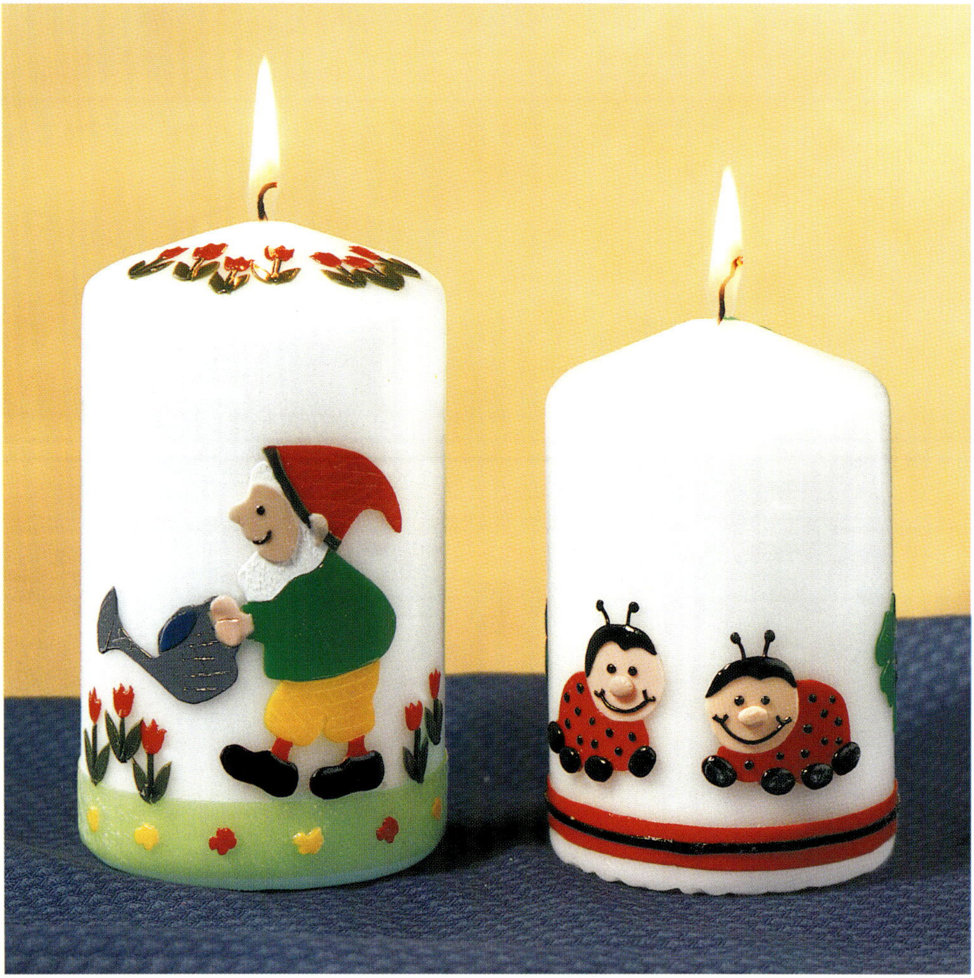

Die Deutsche Bibliothek – CIP-Einheitsaufnahme
Dekorative Kerzen: Gestalten mit Verzierwachs / Irmgard Hurtz. – Wiesbaden: Englisch, 1999
ISBN 3-8241-0922-0

© by Englisch Verlag GmbH, Wiesbaden 1999
ISBN 3-8241-0922-0
Fotos: Frank Schuppelius
Herstellung: Michael Feuerer
Printed in Spain

Inhaltsverzeichnis

Vorwort

Kerzen erfreuen sich in den letzten Jahren immer größerer Beliebtheit, und das nicht nur zu Weihnachten oder Ostern. Es gibt sie in vielen Farben, Formen und Größen. Kerzen begleiten uns durch das ganze Jahr, als Raumschmuck für die Wohnung oder als Dekoration bei Feierlichkeiten. Das Licht von Kerzen verbreitet einen sanften Schimmer und vermittelt ein ganz besonderes Wohlgefühl. Eine alte chinesische Weisheit sagt: „Es ist besser, eine Kerze anzuzünden, als über die Dunkelheit zu klagen."

Selbst verzierte Kerzen, die individuell für den Empfänger gestaltet werden, sind ein wunderschönes Geschenk. Sie werden anderen eine große Freude machen. In diesem Buch zeige ich Ihnen vielseitige Möglichkeiten, Kerzen zu verzieren.

Viel Spaß beim Nacharbeiten und Freude an eigenen Entwürfen wünscht Ihnen

Irmgard Hurtz

Material und Werkzeug

Als Grundlage für meine Modelle dienen unifarbene Kerzen in verschiedenen Größen und Durchmessern. Die Kerzen müssen nicht immer teuer sein, sie werden ja durch die Verzierung etwas Besonderes. Außerdem werden folgende Materialien verwendet:

🌺 Altarkerzen für religiöse Motive. Sie sind aus 10 % Bienenwachs und etwas teurer, aber ihre Brennqualität ist hervorragend. Die fertig verzierten Kerzen sehen besonders edel aus.

🌺 Verzierwachsplatten (Wachsfolien) gibt es in vielen Farben. Sogar Platten mit Blütenmotiven, bunt gemustert oder irisierend sind im Handel erhältlich.

🌺 Zierwachsstreifen in Gold- und Silberfarben können in jeder Breite, glatt oder mit Perlmuster, rund oder abgeflacht erworben werden.

🌺 Rubbelbuchstaben oder eine Schreibfolie eignen sich zum Beschriften von Kerzen bzw. Wachsfolien. Beides bekommt man im Schreibwarenhandel.

🌺 Schriftschablone, um Buchstaben und Zahlen auszuschneiden oder mit einem schmalen Wachsstreifen zu formen.

🌺 Klebewachs, um plastische Motive mit der Kerze zu verbinden.

Folgendes Werkzeug wird grundsätzlich beim Verzieren von Kerzen benutzt:
🌺 Kunststoff-Tischset als Arbeitsunterlage
🌺 Stopfnadel zum Ausschneiden der Motive
🌺 Küchenmesser
🌺 Lineal, 30 cm lang
🌺 Schrift- und Motivschablonen aus dem Schreibwarenhandel
🌺 Bleistift, Schere
🌺 dünne Pappe
🌺 Transparentpapier zum Durchpausen
🌺 Schaschlikspieß und Zahnstocher
🌺 Frottierhandtuch
🌺 Wachslack
🌺 weicher Pinsel
🌺 Brennspiritus zur Pinselreinigung
🌺 Tisch- oder Stehleuchte mit einer Glühbirne von 100 Watt

Tipps und Hinweise

🌺 Kerzen und Verzierwachs sollten Sie vor der Verarbeitung einige Tage bei Zimmertemperatur lagern. Ist das Material zu kalt, haften die Motive nicht auf der Kerze.
🌺 Das Verzierwachs haftet allein durch die Handwärme auf der Ker-

ze. Drücken Sie es mit dem Handballen oder Daumen vorsichtig an.
🌺 Die Wachsfolienstärke beträgt 0,5 bis knapp 1 mm. Sollte eine größere Stärke benötigt werden, kann die Folie doppelt oder dreifach gelegt werden.

Bevor Sie beginnen, sollten Sie Ihre Hände gut säubern und nicht eincremen, denn dies würde eine gute Haftung des Verzierwachses auf der Kerze verhindern.

Fertigen Sie sich Schablonen an, mit denen Sie problemlos und schnell jede Kerze auch mehrmals herstellen können. Zu diesem Zweck legen Sie Transparentpapier auf den Vorlagebogen und zeichnen die Konturen mit einem weichen Bleistift nach. Legen Sie das Transparentpapier mit Ihrer Bleistiftzeichnung auf Pappe, und umfahren Sie die Konturen von der Rückseite, feine Bleistiftlinien übertragen sich so auf die Pappe.

Die Kerzen können Sie je nach Motiv entweder nur auf der Vorderseite verzieren oder das Motiv rundum auf der Kerze anbringen.

Sorgen Sie für gutes Licht an Ihrem Arbeitsplatz. Eine Schreibtisch- oder Stehlampe mit einer starken Glühlampe dient als zusätzliche Wärmequelle.

Legen Sie die Kerze während der Arbeit auf ein zusammengefaltetes Handtuch. So rollt sie Ihnen beim Verzieren nicht weg. Außerdem wird das Motiv nicht so leicht zerdrückt, wenn Sie die Kerze rundum gestalten wollen.

Reinigen Sie zwischendurch immer wieder Nadel, Lineal und Arbeitsunterlage. Nur so können Sie sauber arbeiten.

Drücken Sie die Motive zunächst nur leicht auf der Kerze an, und betrachten Sie Ihr Werk hin und wieder aus der Entfernung. So können Sie feststellen, ob die Abstände stimmen und ob das Motiv „ein Bild" ergibt. Jetzt können Sie noch Korrekturen vornehmen. Besonders größere Motive sollten Sie immer von der Mitte nach außen andrücken, da sich sonst Luftblasen unter der Wachsfolie bilden.

Ist die Kerze verziert, lackieren Sie das Motiv mit Wachslack. Damit wird Ihre Kerze vor Staub und Vergilben geschützt. Die Motive erhalten durch Lack ihren Glanz und sehen wunderschön aus.

Um Ihre Pinsel zu erhalten, sollten Sie nach jedem Lackieren die Reinigung mit Spiritus nicht vergessen

Die Technik

Reiben Sie die Kerze zuerst mit einem Handtuch kräftig ab. So wird die Kerze staubfrei und sauber, und die Motive haften besser. Wenn Sie zum ersten Mal Kerzen verzieren, ist es sinnvoll, sich von allen Teilen des Motivs eine Schablone anzufertigen. Nach einiger Zeit werden Sie feststellen, dass Sie Blätter, Blütenblätter und andere Motive nach Augenmaß frei aus der Hand ausschneiden können. Für das Ausschneiden der Motive legen Sie die angefertigten Schablonen auf die Wachsfolie und umfahren diese mit der Stopfnadel unter leichtem Druck. Nun können Sie das ausgeschnittene Motiv vorsichtig vom Trägerpapier abheben und auf die Kerze drücken. Wollen Sie eine Kerze nur ein einziges Mal gestalten, so übertragen Sie das Motiv vom Vorlagebogen auf Transparentpapier. Dieses legen Sie auf die Wachsfolie und fahren die Konturen mit einem Bleistift nach. Dabei drückt sich das Motiv als Kontur in das Wachs ein. Entfernen Sie das Transparentpapier, und schneiden Sie das Motiv mit der Nadel entlang den Konturen aus. Wenn Sie ein Blumenmotiv arbeiten, ist es vorteilhaft, zunächst die einzelnen Blüten anzufertigen und auf der Arbeitsunterlage bereitzulegen. Sie können dann das Motiv zügig

auf der Kerze anbringen. Drücken Sie die Motive auf der Kerze zunächst nur leicht an, damit Sie sie noch korrigieren können. Beim Verzieren einer dunklen Kerze sollten Sie alle Motive mit weißem Wachs unterlegen, d.h. Sie schneiden alle Teile einmal aus einer weißen Wachsfolie aus und dann in der von Ihnen gewünschten Farbe. Lassen Sie die weiße Unterfütterung weg, passt sich das Motiv immer mehr dem Untergrund an, und nach kurzer Zeit wird das Motiv dunkel und unansehnlich. In diesem Buch finden Sie immer wieder Kerzen mit Blumenmotiven. Die Blüten können Sie auf verschiedene Arten herstellen:

✿ Sie schneiden die Blütenblätter aus, legen sie in Kreisform und drücken in die Mitte ein Wachskügelchen. Dadurch wird die Blüte zusammengehalten und kann beliebig auf der Kerze platziert werden. Jede Kerze ist ein Unikat. Gerade Blütenblätter und Gräser lassen sich beliebig variieren und dem Durchmesser Ihrer Kerze anpassen. Aus diesem Grund können die Abbildungen mit dem Muster auf dem Vorlagebogen differieren.

✿ Sie rollen gleichgroße Wachskügelchen und legen sie kreisförmig um ein dickeres andersfarbiges Wachskügelchen.

Sie können ebenfalls flachgedrückte Wachskügelchen zu einer Blüte zusammenlegen.

Rosen drehen Sie aus einem schmalen Wachsstreifen (wie Papierrosen).

Für Löwenzahnblüten rollen Sie einen abgestuften, eingeschnittenen Wachsstreifen von der schmalen Seite her auf.

Für die Stiele können Sie ganz schmale Streifen von der Wachsplatte schneiden. Schöner und dünner können Sie Stiele und Konturen aber herstellen, wenn Sie etwas Wachs mit den Fingern auf der Arbeitsunterlage dünn ausrollen. Das Ausrollen bedarf zwar der Übung, aber nach einiger Zeit können Sie so feinste Linien und Konturen herstellen. Benötigen Sie breite oder schmale Wachsstreifen (z. B. für Borten oder zum Formen von Buchstaben), so schneiden Sie diese mit Hilfe des Lineals von der Wachsfolie ab. Sehr schön sieht es aus, wenn Sie eine Borte mit gold- oder silberfarbenen Zierwachsstreifen oder mit Perlmuster einfassen. Sie können aber auch, wie ich es bei einigen Kerzen beschrieben habe, selbst eine Borte herstellen, indem Sie aus drei schmalen Wachsstreifen einen „Zopf" flechten und diesen dann vorsichtig auf die Kerze drücken. Mit der Nadel und mit dem Schaschlikspieß können Sie zum Schluss Blattadern oder sonstige Muster in das Wachs einritzen oder eindrücken. Viele Motive erscheinen dadurch plastischer. Ist das Motiv vollständig, drücken Sie alle Teile vorsichtig mit dem Handballen oder mit dem Daumen an. Zum Abschluss lackieren Sie das Motiv mit Wachslack und einem weichen Pinsel.

Auswahl der Motive

Bei der Auswahl der Motive sind Ihrer Phantasie keine Grenzen gesetzt. Beginnen Sie als Anfänger mit einem einfachen Motiv, um mit dem Gestalten von Verzierwachs vertraut zu werden.

Fertigen Sie doch einmal eine Kerze passend zu Ihrem Porzellan oder zu Ihrer Tischdecke an, oder bringen Sie als Geschenk ein Päckchen Servietten und dazu die passend verzierte Kerze mit. Sie werden helle Begeisterung auslösen.

Blumenmotive

1. Frühlingsstrauß

Material

🌸 Kerze: 7,5 cm Ø, 19 cm hoch
🌸 Verzierwachs in Gelb, Orange, Laubgrün, Lila, Pink, Weiß und Hellbraun

Anleitung

Rollen Sie für die Stiele grünes und braunes Wachs dünn aus. Legen Sie zunächst die Stiele provisorisch auf die Kerze auf (nur leicht andrücken). Schneiden Sie die Osterglocken aus doppelt gelegtem gelben Wachs aus. Als Blütenmitte rollen Sie einen gelben Wachsstreifen auf, die letzten beiden Runden arbeiten Sie mit orangefarbenem Wachs. Die Wachsstreifen finden Sie als Muster auf dem Vorlagebogen. Befestigen Sie den Blütenstempel mit Klebewachs und kerben ihn mit einer Nadel rundum ein. Für die Tulpen können Sie zwei oder drei Blütenblätter übereinander legen. Drücken Sie diese ebenfalls zunächst nur leicht an. Fügen Sie grüne Blätter in verschiedenen Größen ein. Für die Weidenkätzchen rollen Sie weiße Wachskügelchen länglich aus und drücken diese flach. Auf die Kätzchen drücken Sie kleine braune Wachsplättchen auf. Jetzt können Sie die Kätzchen versetzt an den braunen Stielen anbringen. Legen sie die lila Blüten aus fünf Blütenblättern zusammen, und drücken Sie in die Mitte ein gelbes Wachskügelchen. Verdecken Sie die Stielenden unten mit großen grünen Blättern. Betrachten Sie die Kerze aus einiger Entfernung, und wenn das Arrangement stimmt, drücken Sie alle Blüten und Blätter fest an.

2. Klatschmohn und Ähren

Material
- Kerze: 7 cm ∅, 19 cm hoch
- Verzierwachs in Laubgrün, Hellrot, Schwarz und Ocker

Anleitung
Rollen Sie für die drei Klatschmohnblüten Stiele aus grünem Wachs fein aus. Für die Ähren rollen Sie ockerfarbenes Wachs aus. Die Klatschmohnblüten bilden Sie aus fünf roten Blütenblättern. In die Mitte drücken Sie eine kegelförmige grüne Wachskugel und ordnen kreisförmig darum herum winzige schwarze Wachskügelchen an. Ritzen Sie vorsichtig Blattadern in die Blütenblätter ein. Bereiten Sie nun die Körner für die Ähren vor.

Rollen Sie ockerfarbene Wachskügelchen etwas länglich, und drücken Sie mit der Nadel längs eine Kerbe ein. Nun können Sie die Körner an den ockerfarbenen Stielen anbringen. Drücken Sie die Körner vorsichtig an, damit sie nicht zerdrückt werden.

Fügen Sie mehrere grüne Blätter ein. Die Blattadern werden mit der Nadel eingeritzt. Betrachten Sie die Kerze aus der Entfernung, und wenn alle Blätter und Blüten an der richtigen Stelle sind, können Sie die Teile fest andrücken und das Motiv lackieren.

13

3. Löwenzahn

Material

🌺 Kerze: 7 cm ∅,
    19 cm hoch
🌺 Verzierwachs
    in Laubgrün und Gelb

Anleitung

Bei dieser Kerze sind die Löwenzahnblüten plastisch gestaltet und mit Klebewachs befestigt. Schneiden sie zuerst mehrere verschieden große Löwenzahnblätter aus, und ordnen Sie sie auf der unteren Hälfte der Kerze an.

Für die Stiele rollen Sie grünes Wachs aus. Die Blüten werden aus einem abgestuften Streifen aus gelbem Wachs geformt. Übertragen Sie den Streifen vom Vorlagebogen auf dünne Pappe. Mit dieser Schablone können Sie nun die Streifen für die Blüten ausschneiden. Diese Streifen werden über die gesamte Breite bis zur durchgezogenen Linie eingeschnitten (im Abstand von 2 mm). Dann wird die Blüte von der schmalen Seite her aufgerollt. Um das Blütenende legen Sie mehrere schmale grüne Kelchblätter.

Biegen Sie die gelben Blütenblätter vorsichtig auseinander, sodass eine typische Löwenzahnblüte entsteht.

Jetzt können die Blüten mit etwas Klebewachs an den Stielen befestigt werden.

4. Rosenbäumchen

Material
- Kerze: 6 cm ∅, 16 cm hoch
- Verzierwachs in Hellbraun, Dunkelrot und Laubgrün

Anleitung

Den Blumentopf schneiden Sie aus hellbraunem Wachs aus. Der Topfrand wird ein zweites Mal ausgeschnitten und aufgedrückt. Für den Stamm rollen Sie laubgrünes Wachs aus und drücken kreisförmig grüne Blätter auf. Ebenso dekorieren Sie unten neben dem Topf einige Blätter.

Für die Rosen wird ein Streifen (8 mm breit, 7 cm lang) aus rotem Wachs ausgeschnitten. Aus diesem Streifen drehen Sie kleine Röschen. Eventuell nehmen Sie einen Zahnstocher zu Hilfe. Die Röschen werden vorsichtig halbkugelförmig mit etwas Klebewachs auf der Kerze befestigt, ebenso wie die Röschen am Topf. Rollen Sie ein wenig rotes Wachs aus, und formen Sie eine Schleife. Diese wird unter der Rosenkugel befestigt.

5. Margeritenbäumchen

Material

- Kerze: 6,5 cm ⌀, 20 cm hoch
- Verzierwachs in Mittelbraun, Dunkelbraun, Gelb, Weiß und Olivgrün

Anleitung

Schneiden Sie den Blumentopf aus mittelbraunem Wachs aus. Der Sockel und der obere Topfrand werden nochmals ausgeschnitten und aufgedrückt. Für den Stamm rollen Sie dunkelbraunes Wachs aus oder schneiden einen schmalen doppelten Streifen.

Für die Baumkrone werden zahlreiche kleine grüne Blättchen ausgeschnitten. Diese legen Sie ineinander gefächert (ca. 7 cm Durchmesser) von außen nach innen, bis der Kreis ausgefüllt ist. Für die Blüten schneiden Sie je sechs weiße Blütenblätter aus und legen sie auf der Arbeitsunterlage zu einer Blüte zusammen. In die Mitte drücken Sie ein gelbes Wachskügelchen.

Jetzt können die Blüten auf der Baumkrone angebracht werden. Einen Streifen gelbes Wachs (ca. 4 mm breit) legen Sie zu einer Schleife. Diese wird dann vorsichtig am Baumstamm befestigt. Zum Schluss werden die Blütenblätter eingeritzt und mit einem Schaschlikspieß kleine Vertiefungen gedrückt. So wirken die Blüten plastischer.

6. Kugelbäumchen

Material
❀ Kerze: 8 cm ∅, 13,5 cm hoch
❀ Verzierwachs in Laubgrün,
   Hellbraun und Dunkelbraun

Anleitung

Bei dieser Kerze ist die Verzierung rundum angebracht worden.

Beginnen Sie mit einem schmalen grünen Wachsstreifen, den Sie ca. 0,5 cm vom unteren Kerzenrand entfernt aufdrücken. Darüber bringen Sie einen schmaleren dunkelbraunen Wachsstreifen auf. Schneiden Sie nun die Blumentöpfe aus doppelt gelegtem hellbraunen Wachs aus, und ritzen Sie mit der Nadel ein Muster ein. Für die Erde drücken Sie etwas dunkelbraunes Wachs auf. Die Henkel formen Sie aus fein ausgerolltem hellbraunen Wachs. Die Baumstämme werden aus einem schmalen dunkelbraunen Wachsstreifen gefertigt. Die verschiedenen Baumkronen schneiden Sie aus doppelt gelegtem laubgrünen Wachs aus und ritzen sie mit der Nadel ein.

7. Veilchen

Material
- Kerze: 6 cm ∅, 17 cm hoch
- Verzierwachs in Tannengrün, Lila, Orange und Weiß
- Perlwachsstreifen in Gold

Anleitung
Fertigen Sie zuerst die Schablone für den Rahmen an. Legen Sie die Schablone auf die Kerze und umfahren die Kontur mit der Nadel. So haben Sie den Umriss auf der Kerze, und Sie können mit dem Perlwachs-streifen problemlos den äußeren Rand an der eingeritzten Linie entlang legen und festdrücken. Den inneren Rand bilden Sie mit einem schmalen Streifen aus grünem Wachs.

Für die Stiele rollen Sie grünes Wachs dünn aus. Die Blätter schneiden Sie ebenfalls aus grünem Wachs aus und ritzen mit der Nadel die Blattadern ein. Die lila Blüten bilden Sie aus je fünf Blütenblättern. In die Mitte drücken Sie ein größeres orangefarbenes Wachskügelchen und zwei kleinere weiße Wachskügelchen. Verteilen Sie die Blüten wie auf der Abbildung ersichtlich.

8. Efeukränzchen

Material
- Kerze: 7 cm ∅, 12,5 cm hoch
- Verzierwachs in Laubgrün

Anleitung
Das Grundgerüst für das Efeukränzchen bilden zwei schmale grüne Wachsstreifen, die auf der unteren Hälfte der Kerze miteinander verschlungen aufgedrückt wer-

den. Die Efeublätter aus doppelt gelegtem grünen Wachs können beliebig angeordnet werden. Als Blüten fügen Sie ab und zu kleine Stiele mit winzigen Wachskügelchen ein. Zuletzt werden die Blattadern mit der Nadel eingeritzt.

Kunterbunte Motive

9. Käfer mit Tulpe

Material
- Kerze: 6 cm ∅, 15 cm hoch
- Verzierwachs in Gelbgrün, Hellgrün, Dunkelrot, Schwarz, Mittelblau, Gelb, Orange, Weiß und Hautfarbe

Anleitung

Schneiden Sie zuerst aus gelbgrünem Wachs das Gras aus. Die Füße arbeiten Sie aus schwarzem Wachs, den linken Fuß doppelt.

Bauch und Gesicht schneiden Sie aus hautfarbenem Wachs aus, für die Nase drücken Sie ein rotes Wachskügelchen flach. Auf die Flügel drücken Sie schwarze Wachskügelchen als Punkte auf.

Auf das schwarze Kopfteil ordnen Sie die Fühler an, der Arm wird aus doppelt gelegter schwarzer Wachsfolie ausgeschnitten.

Für den Tulpenstiel rollen Sie hellgrünes Wachs dünn aus. Ritzen Sie die Blätter mit der Nadel längs ein. Die Tulpe setzen Sie aus drei gelben Blütenblättern zusammen.

10. Marienkäfer

Material

- Kerze: 7 cm Ø, 10 cm hoch
- Verzierwachs in Dunkelrot, Schwarz, Hautfarbe und Hellgrün

Anleitung

Schneiden Sie zuerst den unteren roten Streifen zu (ca. 8 mm breit) und drücken ihn auf die Kerze. Einen schmalen schwarzen Streifen legen Sie darüber. Den Käferkörper schneiden Sie ebenfalls aus rotem Wachs aus. Kleine schwarze Wachskügelchen drücken Sie als Punkte auf.

Für die Füße formen Sie dickere schwarze Wachskugeln. Das Gesicht wird aus hautfarbenem Wachs ausgeschnitten, das Kopfteil aus schwarzem. Für Mund und Fühler rollen Sie etwas schwarzes Wachs mit den Fingern dünn aus. Als Augen werden kleine schwarze Wachskügelchen, für die Nase eine hautfarbene Kugel aufgedrückt. Seitlich bringen Sie die aus grünem Wachs ausgeschnittenen Kleeblätter an.

11. Gartenzwerg

Material

- Kerze: 7,5 cm ⌀, 13 cm hoch
- Verzierwachs in Gelbgrün, Laubgrün, Rot, Schwarz, Grau, Gelb, Hellgrün, Weiß und Hautfarbe

Anleitung

Beginnen Sie mit dem Grasstreifen aus hellgrünem Wachs (ca. 1,5 cm hoch). Bereiten Sie nun den Gartenzwerg vor. Die Schuhe schneiden Sie aus doppeltem schwarzen Wachs aus, dann fertigen Sie Strümpfe, Mütze, Hose und Hemd. Gesicht und Bart schneiden Sie ganz aus weißem Wachs aus und drücken dann das hautfarbene Gesicht und das Ohr auf. Die Barthaare können Sie mit der Nadel einritzen. Wenn Sie die Hände auf der Gießkanne festdrücken, dann sieht es so aus, als ob der Zwerg die Kanne tatsächlich festhält. Vor und hinter dem Zwerg können Sie beliebig viele kleine Tulpen aufdrücken, ebenso auf dem oberen Rand der Kerze.

12. Gänse und Sonnenblumen

Material

- Kerze, 8 cm ⌀, 14 cm hoch
- Verzierwachs in Gelbgrün, Gelb, Weiß, Orange, Schwarz, Dunkelbraun, Dunkelgrün und Weinrot

Anleitung

Bei dieser Kerze können Sie entweder nur die Vorderseite gestalten oder das Motiv auch rundum arbeiten. Beginnen Sie mit dem Untergrund. Für die Grasfläche schneiden Sie einen Streifen von ca. 4 cm Breite und drücken diesen fest auf die Kerze. Als nächstes fertigen Sie die Sonnenblumen. Für die Stiele rollen Sie dunkelgrünes Wachs dünn aus, die Blätter schneiden Sie aus und ritzen die Blattadern ein.

Für die Blüten legen Sie sieben oder acht gelbe Blütenblätter in Kreisform und drücken in die Mitte eine braune Wachskugel. In diese stechen Sie mit dem Schaschlikspieß kleine Löcher. Verteilen Sie die verschieden großen Sonnenblumen rundum auf der Kerze.

Bringen Sie nun den Zaun an. Für die Querbalken schneiden Sie zwei 4 mm breite Streifen von der weinroten Wachsplatte ab und drücken sie auf. Als Längsbretter schneiden Sie 5 mm breite und ca. 3,5 mm lange Streifen oben spitz zu und verteilen sie in gleichmäßigem Abstand (ca. 1 cm) auf den Querbalken. Zum Schluss drücken Sie das Gänsepärchen aus doppelter weißer Wachsfolie auf die Kerze. Die Federn ritzen Sie mit der Nadel ein.

Tipp: Wenn Sie die Kerze rundum verzieren, können Sie das Gänsepärchen zweimal ausschneiden und auf der Rückseite nochmals aufdrücken.

13. Kakteen

Material
- Kerze: 8 cm ⌀, 15 cm hoch
- Verzierwachs in Ocker, Dunkelgrün, Laubgrün, Hellgrün, Gelbgrün, Gelb und Rot

Anleitung

Für den Sand drücken Sie einen ockerfarbenen Wachsstreifen (ca. 1,5 cm breit) unten auf die Kerze. Stechen Sie mit der Nadel viele kleine Löcher ein. Die Kakteen schneiden Sie aus den verschiedenen grünen Wachsplatten aus und ritzen mit der Nadel unterschiedliche Muster ein. Wenn Sie einige Äste der Kakteen nochmals ausschneiden und aufdrücken, sehen die Kakteen plastischer aus. Die Blüten schneiden Sie aus der roten Wachsplatte aus, oder Sie rollen fünf gleichgroße gelbe Wachskügelchen, drücken sie flach und setzen in die Mitte ein rotes Wachskügelchen. Verteilen Sie die Kakteen rundum auf der Kerze.

14. Igel unterm Apfelbaum

Material

🌰 Kerze: 8 cm ⌀, 14 cm hoch
🌰 Verzierwachs in Hellgrün,
  Gelbgrün, Dunkelbraun,
  Rot, Gelb und Hautfarbe

Anleitung

Schneiden Sie den Baumstamm aus braunem Wachs aus. Die Äste werden aus schmalen braunen Streifen gelegt und festgedrückt. Verteilen Sie kleine grüne Blätter an den Ästen. Für die Äpfel rollen Sie rote Wachskugeln. Kneten Sie etwas gelbes Wachs weich und verstreichen es mit dem Fingernagel auf den Äpfeln. Für die „Blüte" drücken Sie ein winziges schwarzes Wachskügelchen auf. Die Igel schneiden Sie zunächst ganz aus hautfarbenem Wachs aus, dann fixieren Sie den Körper aus braunem Wachs. Für die Stacheln drücken Sie mit dem Schaschlikspieß kleine Löcher ein. Ein hellgrüner Wachsstreifen bildet das Gras.

15. Bärchen

Material

🐾 Kerze: 8 cm ⌀, 13 cm hoch
🐾 Verzierwachs in Hellbraun,
  Weiß, Schwarz, Hellgrün
  und Gelb

Anleitung

Bei dieser Kerze arbeiten Sie zuerst den unteren Rand. Schneiden
Sie einen hellgrünen Wachsstreifen (2 cm breit), und drücken Sie
darunter eine Borte aus gelben geflochtenen Wachsstreifen an.

Dann schneiden Sie das Bärchen
ganz in hellbraunem Wachs aus.
Die Arme werden nochmals ausgeschnitten und aufgedrückt.

Platzieren Sie das Bärchen auf
dem grünen Rand und drücken es
dann gut fest. Füße und Gesicht
werden aus weißem Wachs ausgeschnitten, und für die Augen
werden zwei schwarze Wachskügelchen aufgedrückt.

Das Halstuch schneiden Sie aus
gelbem Wachs aus. Für die Konturen rollen Sie mit den Fingern
schwarzes Wachs ganz fein aus.
Diese Arbeit ist zwar ein wenig
zeitintensiver, aber Sie werden
vom Resultat begeistert sein.

16. Leuchtturm

Material

- kegelförmige Kerze:
  7 cm ⌀, 30 cm hoch
- Verzierwachs in Hellrot,
  Schwarz und Gelb

Anleitung

Beginnen Sie mit dem unteren roten Streifen. Da die Kerze kegelförmig ist, sollten Sie die Streifen hinten anpassen, d. h. entweder einen Wachsstreifen einsetzen oder bei den oberen Streifen etwas Wachs wegnehmen. Lassen Sie zwischen den Streifen die 6, 4, 3 und 2 cm breit sind, jeweils ca. 3 cm frei. Die roten Streifen werden mit schmalen schwarzen Wachsstreifen eingefasst. Drücken Sie über dem oberen roten Streifen längs gelbe Streifen (0,5 cm breit) auf, die Sie ebenfalls mit schmalen schwarzen Wachsstreifen einfassen.

Auf dem Kopf der Kerze wird ein Kreis aus schwarzem Wachs (ca. 5 cm ⌀) aufgesetzt. In die Mitte schneiden Sie ein kleines Loch für den Docht. Das Tor drücken Sie auf den unteren roten Streifen auf.

Die Fenster platzieren Sie in den Zwischenräumen der roten Streifen. Auf der Rückseite können Sie ebenfalls noch Fenster anbringen.

Kerzen für persönliche Anlässe

17. Kommunion

Material
- Kerze: 6 cm ∅, 20 cm hoch
- Verzierwachs in Dunkelbraun, Dunkelblau, Laubgrün, Gelb, Gold und Weinrot

Anleitung

Bei dieser Kerze empfiehlt es sich, zuerst die Teile für Trauben, Weinblätter und Körner vorzubereiten. Später kann dann das Motiv zügig auf der Kerze angeordnet werden.

Beginnen Sie mit dem Kreuz. Drücken Sie es leicht auf die Kerze, und betrachten Sie diese aus der Entfernung. Wenn alle vier Balken gerade sind, drücken Sie das Kreuz fest an. Für die Weinranke rollen Sie laubgrünes Wachs dünn aus.

Als Trauben rollen Sie kleine blaue Wachskügelchen, die Sie dann auf der Kerze in Traubenform bringen. Die drei Weinblätter verteilen Sie nach Belieben auf der Ranke. Schneiden Sie den Kelch einmal aus der goldfarbenen Wachsfolie aus.

In die Mitte des Kelches drücken Sie ein goldfarbenes Wachskügelchen. Mit der Nadel können Sie ein Muster einritzen. Als Wein bringen Sie etwas rotes Wachs oben auf dem Kelch an.

Die Ährenhalme werden aus braunem Wachs dünn ausgerollt. Für die einzelnen Körner rollen Sie kleine gelbe Wachskügelchen etwas länglich aus. Diese kerben Sie dann mit der Nadel längs ein und legen sie etwas schräg zum Halm zu einer Ähre zusammen.

18. Konfirmation

Material
- Kerze: 8 cm ⌀, 13 cm hoch
- Verzierwachs in Blaugrün, Gold und Schwarz

Anleitung

Umlegen Sie das Kreuz aus blaugrünem Wachs mit einem schmalen Goldstreifen, und kerben Sie mit einem Schaschlikspieß ein Muster ein. Den Zweig legen Sie aus dünn ausgerolltem Wachs und fügen die Blättchen an. Auf das Gebetbuch wird der Buchrücken aus schwarzem Wachs nochmals aufgedrückt.

Die Seiten aus goldfarbenem Wachs ritzen Sie mit der Nadel leicht ein. Das Kreuz wird aus einem schmalen Wachsstreifen gebildet. Für die Schrift rollen sie schwarzes Wachs fein aus.

19. Hochzeit

Material

- Kerze: 7 cm ∅, 20 cm hoch
- Verzierwachs in Weiß, Grün und Gold glänzend
- Ringe in Goldmetall, im Fachhandel erhältlich

Anleitung

Schneiden Sie zuerst das weiße Herz aus. Mit der Nadel ritzen Sie ein beliebiges Muster ein und drücken die Ringe auf. Sie können die Ringe aber auch aus goldfarbenem Wachs selbst ausschneiden. Für die Umrandung flechten sie eine Borte aus drei schmalen Wachsstreifen. Die Arbeit lohnt sich, denn die Borte erzielt eine große Wirkung. Für den unteren Kerzenrand schneiden sie einen Streifen Goldfolie zurecht (ca. 0,8 cm) und rahmen diesen ebenfalls mit der geflochtenen Borte ein. Am oberen Rand können Sie eine Reihe Herzchen anbringen.

20. Geburt

Material

🐚 Kerze: 6 cm Ø, 15 cm hoch
🐚 Verzierwachs in Pink,
   Altrosa und Gold

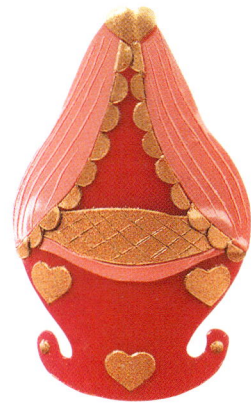

Anleitung

Schneiden Sie die Wiege einmal ganz aus pinkfarbenem
Wachs und dann die Vorhänge
aus altrosafarbenem Wachs
aus. Für die Spitze teilen Sie
goldfarbene Kreise zur Hälfte.
Das Kissen wird ausgeschnitten und aufgedrückt und ein
rosafarbenes Wachsstreifchen
als Decke angepasst. Die Buchstaben schneiden Sie entweder
mit einer Schriftschablone aus
oder formen sie mit einem
schmalen Wachsstreifen. Den
oberen und unteren Rand verzieren Sie mit einer Herzchen-
borte.

21. Schulanfang

Material

- Kerze: 7 cm ⌀, 20 cm hoch
- Verzierwachs in Laubgrün, Rot, Schwarz, Weiß, Gelb und Mais

Anleitung

Die Tafel schneiden Sie aus maisfarbenem Wachs aus und setzen das Innere der Tafel aus schwarzem Wachs darüber. Für die Buchstaben rollen Sie etwas Wachs dünn aus. Auch für die Schnur verfahren Sie so. In das Schwämmchen aus rotem Wachs drücken Sie mit dem Schaschlikspieß Vertiefungen ein. Die Schultüte wird aus grünem Wachs ausgeschnitten, das Oberteil aus doppelt gelegter roter Wachsfolie. Für die Schleife rollen Sie etwas gelbes Wachs dünn aus.

22. Silberhochzeit

Material

- Kerze: 8 cm ⌀, 20 cm hoch
- Verzierwachs in Laubgrün, Weiß und Silber

Anleitung

Als Grundlage für das oben offene Kränzchen drücken Sie ein schmales, grünes Wachsstreifchen auf. Die Blüten bilden Sie aus fünf weißen Blütenblättern, die Sie kreisförmig anordnen. In die Mitte drücken Sie ein grünes Wachskügelchen. Verteilen Sie die Blüten auf dem Wachsstreifen, und fügen Sie grüne Blättchen dazwischen.

Die Jahreszahl wird aus der silberfarbenen Wachsplatte ausgeschnitten. Die Schleife legen Sie aus einem schmalen, silberfarbenen Wachsstreifen. Drücken Sie ein Wachskügelchen in die Mitte. Für die Ringe rollen Sie silberfarbenes Wachs fein aus. Die Namen schneiden Sie mit der Schriftschablone aus, oder Sie formen sie aus einem schmalen Wachsstreifen.

Kerzen zu Festen und Feiern

23. Osterkorb

Material
- Kerze: 8 cm ∅, 21 cm hoch
- Verzierwachs in Hell- und Dunkellila, Pink, Hellblau, Orange, Hellgrün, Rot, und Mittelbraun

Anleitung
Für den Korb flechten Sie aus je drei schmalen Wachsstreifen eine Borte, mit der Sie den Korb ausfüllen und den Henkel formen. Das Küken schneiden Sie aus gelbem Wachs, die Eier aus buntem, doppelt gelegten Wachs aus. Bringen Sie die Eier wie auf der Abbildung am Korb an. Das Gras schneiden Sie aus und bringen es etwas überlappend unter dem Korb an. Schrift und Schleife werden aus schmalen Wachsstreifen geformt.

24. Schneeglöckchen und Ostereier

Material
- Kerze: 6 cm ∅, 15 cm hoch
- Verzierwachs in Laubgrün, Weiß, Rot, Blau und Gelb

Anleitung

Rollen Sie für die Stiele grünes Wachs dünn aus. Aus jeweils drei weißen, übereinander gelegten Blättchen bilden Sie die Schneeglöckchen. Drücken Sie oben ein grünes Wachskügelchen auf. Fügen Sie einige schmale lange Blätter hinzu. Die drei Ostereier schneiden Sie jeweils aus rotem, gelbem und blauem Wachs aus. Die Grasbüschel setzen Sie beliebig aus schmalen grünen Blättchen zusammen.

25. Der 18. Geburtstag

Material
- Kerze: 7 cm ∅, 20 cm hoch
- Verzierwachs in Hellrot, Weiß, Mittelblau, Dunkelgrün, Dunkelblau, Gelb, Schwarz und Silber

Anleitung

In die Zeit des 18. Geburtstags fällt meistens auch die Führerscheinprüfung. Für beide Anlässe ist diese Kerze ideal geschaffen.

Sie können nach Belieben verschiedene Verkehrszeichen anfertigen und rundum auf der Kerze anbringen. Für die Pfähle, an denen die Schilder befestigt werden, schneiden Sie schmale Streifen von der silberfarbenen Wachsfolie.

Den Namen des Geburtstagskindes formen Sie mit einem schmalen Streifen aus dunkelblauer Wachsfolie. Den oberen Kerzenrand können Sie rundum mit der Zahl 18 verzieren, die Sie am besten nach einer Schablone arbeiten.

26. Geburtstagskerze mit Kleeblättern

Material

- Kerze: 7 cm ∅, 20 cm hoch
- Verzierwachs in Weiß, Dunkelrot, Hellgrün, Schwarz und Gold glänzend

Anleitung

Die Pilze schneiden Sie zuerst ganz aus weißem Wachs aus, dann werden die Köpfe nochmals aus rotem Wachs gefertigt. Von einer goldfarbenen Wachsplatte schneiden Sie einen schmalen Streifen und legen diesen als Kontur um die Pilze. Drücken Sie goldfarbene Punkte auf.

Die zwei Herzen schneiden Sie aus rotem Wachs aus und umranden sie ebenfalls.

Den Käfer fertigen Sie aus rotem Wachs und drücken aus schwarzem Wachs Kopf und Punkte auf.

Die verschieden großen Kleeblätter aus hellgrünem Wachs fügen Sie entsprechend der Abbildung zu einem Dreiviertelkreis zusammen. Zahl und Buchstaben können Sie entweder mit der Schriftschablone ausschneiden oder mit einem Wachsstreifen formen.

27. Geburtstagskerze mit Blumenranke

Material
- Kerze: 7 cm ∅, 20 cm hoch
- Verzierwachs in Laubgrün, Violett, Lila, Dunkelblau, Weiß und Gelb

Anleitung

Übertragen Sie die Ranke vom Vorlagebogen auf Transparentpapier. Legen Sie das Transparentpapier auf die Kerze, und drücken Sie mit der Nadel die Ranke auf die Kerze durch. Rollen Sie jetzt für die Ranke grünes Wachs fein aus. Fertigen Sie verschieden große Blüten an, und verteilen Sie diese auf der Ranke. Unten links drücken Sie die größte Blüte auf. Fügen Sie kleine grüne Blätter dazwischen.

Betrachten Sie die Kerze zwischendurch aus der Entfernung, damit Sie sehen, ob Blüten und Blätter richtig verteilt sind. Die Zahl schneiden Sie mit einer Schriftschablone aus, oder Sie formen sie mit einem schmalen Wachsstreifen.

Tipp: Diese Kerze eignet sich sehr gut dazu, für Jubiläen abgewandelt zu werden.

28. Halloween

Material

🕯 Kerze in Dunkelgrün:
   7 cm ⌀, 20 cm hoch
🕯 Verzierwachs in Weiß,
   Hellgrün, Orange, Schwarz,
   Laubgrün, Hellbraun und
   Ocker

Anleitung

Bei dieser dunkelgrünen Kerze ist es wichtig, dass Sie alle Teile mit weißem Wachs unterlegen, da das Motiv sonst immer mehr die Farbe des dunklen Untergrundes annimmt und nach kurzer Zeit unansehnlich wird. Schneiden Sie zuerst den Kürbis aus weißem Wachs und dann aus orangefarbenem Wachs aus, legen Sie beide Teile aufeinander und drücken das Motiv auf die Kerze.

Ebenso werden Stiel und Blatt aus weißem und grünem Wachs ausgeschnitten. Ritzen Sie nun die Blattadern und die Längslinien auf dem Kürbis mit der Nadel ein.

Augen, Mund und Nase werden nur aus schwarzem Wachs ausgeschnitten. Für die Zähne und die Pupillen nehmen Sie kleine Stückchen von weißem Wachs.

Die herbstfarbenen Blätter unterlegen Sie ebenfalls mit weißem Wachs und ritzen die Blattadern mit der Nadel ein.

29. Neujahr

Material

- Kerze: 8 cm ⌀, 20 cm hoch
- Verzierwachs in Schwarz, Rot, Hellgrün, Weiß und Hautfarbe

Anleitung

Für diese Kerze fertigen Sie zuerst den Schornsteinfeger an und drücken ihn dann ca. 3,5 cm vom oberen Kerzenrand entfernt auf die Kerze.

Schneiden Sie Körper und Hut aus der schwarzen Wachsplatte aus. Die Füße arbeiten Sie nochmals und drücken sie auf. Gesicht und Ohren schneiden Sie aus hautfarbenem Wachs aus und die Hände aus doppelt gelegtem Wachs.

Die Augen bilden zwei winzige schwarze Wachskügelchen, die Nase ein Kreis aus hautfarbenem Wachs mit zwei länglich gerollten roten Wachskügelchen.

Drücken Sie zuerst die Leiter aus doppeltem roten Wachs auf und darüber die linke Hand. So hält der Schornsteinfeger die Leiter wirklich fest. Rahmen Sie den Schornsteinfeger mit kreisförmig angeordneten Kleeblättern ein.

Die Schrift übertragen Sie mit Hilfe von Transparentpapier auf die rote Wachsplatte, schneiden die Buchstaben aus und drücken sie unten auf die Kerze auf.

40

Weihnachtskerzen

30. Zwei Schneemänner

Material
- Kerze: 8 cm ⌀, 20 cm hoch
- Verzierwachs in Tannengrün, Gold glänzend, Weiß, Schwarz, Orange, Blau und Rot
- Borte in Gold

Anleitung

Beginnen Sie diese Kerze mit dem unteren Rand in Tannengrün, über den Sie eine schmale Goldborte legen.

Darüber drücken Sie einen schmalen weißen Wachsstreifen als Schnee an. Den Tannenbaum schneiden Sie fünfmal aus.

Als Hintergrund für die Schneemänner drücken Sie die Tannenbäume jeweils in der Höhe versetzt auf die Kerze. Drücken Sie die Bäume zunächst nur leicht fest, damit Sie sie noch korrigieren können.

Fertigen Sie jetzt die Schneemänner an, und legen Sie auch diese provisorisch auf. Betrachten Sie die Kerze aus der Entfernung, und drücken Sie das Motiv erst fest an, wenn die Proportionen stimmen.

Die Schneemänner schneiden Sie aus weißem Wachs aus. Die Arme schneiden Sie nochmals aus und drücken sie auf. So wird das Motiv plastischer.

Für Augen und Knöpfe rollen Sie kleine schwarze Wachskügelchen.

Die Nase rollen Sie länglich aus orangefarbenem Wachs. Den Schal schneiden Sie jeweils aus blauem oder rotem Wachs aus.

Zum Schluss verzieren Sie die Kerze mit goldfarbenen Sternchen.

31. Winterlandschaft in Blau

Material

- Kerze: 7 cm ∅, 20 cm hoch
- Verzierwachs in Dunkelblau, Weiß, Gelb und Gold glänzend
- Rundstreifen in Gold (2 mm ∅)

Anleitung

Das Besondere an dieser Kerze ist das Motiv, das rund um die ganze Kerze gearbeitet ist. Bringen Sie zuerst die untere Borte aus einem blauen Wachsstreifen (ca. 12 mm breit) an und fassen ihn mit Rundstreifen in Goldfarben ein. Schneiden Sie die Kirche ganz aus dunkelblauem Wachs aus. Die Dächer und den Schnee aus weißem Wachs drücken Sie darauf, ebenso Fenster und Tür aus gelbem Wachs. Das Häuschen arbeiten Sie genauso. Auf den Dächern können Sie mit der Nadel Dachziegel einritzen. Der große Tannenbaum wird einmal, der mittlere und der kleine Tannenbaum je zweimal aus blauem Wachs ausgeschnitten. Drücken Sie zuerst die Kirche auf und den großen Tannenbaum rechts daneben. Dann verteilen Sie die kleineren Tannenbäume und das Häuschen rund um die Kerze. Drücken Sie goldfarbene Punkte als Kugeln auf die Tannenbäume. Als Schnee schneiden Sie gewellte Streifen aus der blauen Wachsplatte aus. Zum Schluss verteilen Sie den Mond und die goldenen Sterne oben auf der Kerze.

32. Verschneites Haus

Material

- Kerze: 8 cm ∅, 13 cm hoch
- Verzierwachs in Weiß, Laubgrün, Hellrot, Antikgold und Dukatengold
- Plaka-Farbe in Gold

Anleitung

Schneiden Sie zuerst die halbkreisförmigen Bögen für die untere und die obere Borte aus laubgrünem Wachs aus. Dies können Sie mit einer Kreisschablone oder auch mit einem 10-Pfennig-Stück tun. Drücken Sie die Bögen zunächst nur leicht an, damit Sie diese noch verschieben können und rundum mit dem Muster auskommen. Fertigen Sie sich vom Häuschen eine Pappschablone an und legen diese 3,5 cm vom unteren Rand der Kerze entfernt auf. Umfahren Sie die Schablone mit der Nadel. Jetzt können Sie den Umriss des Häuschens auf der Kerze erkennen. Verstreichen Sie mit dem Finger etwas Plaka-Farbe in Gold um den Umriss des Häuschens. So haben Sie einen schönen Hintergrund. Bereiten Sie das Häuschen auf der Arbeitsunterlage vor, bevor Sie es auf der Kerze aufdrücken. Schneiden Sie das Häuschen einmal ganz aus der weißen Wachfolie aus. Die beiden Dächer schneiden Sie nochmals aus und drücken sie auf. Die Dachziegel ritzen Sie mit der Nadel ein. Den unteren Rand des Häuschens legen Sie mit einem roten Wachsstreifen. Das Fachwerk bilden Sie mit feinen Streifen aus Dukatengold. Ebenso schneiden Sie den linken spitzen Giebel, die Türen und den Kamin aus Dukatengold aus. Für die Fenster schneiden Sie kleine Vierecke aus der Antikgoldplatte. Die unterschiedlich großen Tannenbäume aus doppelt gelegter grüner Wachsfolie

werden rund um die Kerze verteilt. Als Schnee können Sie kleine weiße Wachskügelchen aufdrücken.

33. Glockenläuten

Material

- Kerze: 6 cm ⌀, 30 cm hoch
- Verzierwachs in Tannengrün, Dunkelrot, Weiß, Hautfarbe, Schwarz, Gold und Dunkelbraun
- Rundstreifen in Gold (2 mm ⌀)

Anleitung

Beginnen Sie mit dem Fensterrahmen aus doppelt gelegtem tannengrünen Wachs, den Sie ca. 4,5 cm vom oberen Rand der Kerze entfernt andrücken.

Auf dem Körper des Nikolaus fixieren Sie die Hände aus hautfarbenem Wachs sowie die Ärmelränder aus weißem Wachs. Auf das weiße Kopfteil legen Sie Gesicht und Bart auf. Für die Augen rollen Sie zwei kleine Wachskügelchen, Nase und Mund formen Sie aus rotem Wachs. Die Mütze wird ebenfalls aus rotem Wachs ausgeschnitten und oben am Zipfel eine weiße Wachskugel aufgedrückt (mit dem Schaschlikspieß können Sie kleine Löcher einstechen, um eine Struktur zu erzeugen). Nun kann der Nikolaus im Fenster Platz nehmen. Für das Seil flechten Sie drei schmale Wachsstreifen.

Die Schleifen schneiden Sie aus rotem Wachs aus und drücken in der Mitte ein rotes Wachskügelchen auf.

Die Glocken arbeiten Sie aus goldfarbenem Wachs und umranden Sie mit dem Rundstreifen.

Für den Klöppel formen Sie eine kleine braune Wachskugel. Drücken Sie nun den oberen Teil des Seiles auf die Kerze, fügen Schleife und Glocke dazwischen und fahren dann mit einem weiteren Stück Seil fort. Nach der zweiten Glocke fügen Sie das Endstück des Seiles an.

34. Nikolaus

Material

🕯 Kerze: 8 cm ⌀, 22 cm hoch
🕯 Verzierwachs in Laubgrün, Hellrot, Braun, Weiß, Dunkelblau, Schwarz, Gold und Hautfarbe

Anleitung

Beginnen Sie mit der unteren Borte. Drücken Sie einen schmalen roten Wachsstreifen, darüber einen breiteren grünen und dann wieder einen schmalen roten Wachsstreifen auf.

Verteilen Sie goldfarbene Sternchen auf dem grünen Wachsstreifen. Den Körper und die Mütze vom Nikolaus schneiden Sie aus rotem Wachs aus. Den linken Ärmel schneiden Sie ebenfalls aus und drücken ihn auf.

Nun wird der Pelzbesatz für Mütze, Ärmel und Mantel gearbeitet. Drücken Sie auf die Mütze eine weiße Wachskugel als Bommel. Die schwarzen Schuhe fügen Sie an. Auf das weiße Bartteil legen Sie das Gesicht. Zwei schwarze Wachskügelchen bilden die Augen, eine etwas größere rote Wachskugel die Nase.

Jetzt können Sie den Schnurrbart aufdrücken und die Barthaare mit der Nadel einritzen.

Auf den dunkelbraunen Sack können Sie einen hellbraunen Flicken aufsetzen. Drücken Sie den rechten Handschuh auf das Sackende.

Verteilen Sie Tannenbäume rund um die Kerze in unterschiedlicher Höhe. Am oberen Kerzenrand drücken Sie zuerst einen grünen Wachsstreifen und dann einen roten Wachsstreifen. Verteilen Sie rundum Ilexblätter. Als Beeren rollen Sie kleine rote Wachskügelchcn.

35. Nikolausstiefel

Material

- Kerze: 7 cm ⌀, 20 cm hoch
- Verzierwachs in Dunkelrot, Hellgrün, Dunkelgrün, Gelb, Blau, Weiß, Hellbraun, Creme und Dunkelblau

Anleitung

Den Nikolausstiefel schneiden Sie aus rotem Wachs aus und drücken Ferse, Spitze und den oberen Rand nochmals aus hellgrünem Wachs auf. Das Karomuster legen Sie mit einem schmalen Streifen aus hellgrünem Wachs.

Die Zuckerstangen verzieren Sie mit roten und weißen Streifen. Auf das Lebkuchen-herz aus hellbraunem Wachs drücken Sie die Mandeln aus cremefarbenem Wachs auf. Die Ilexblätter werden aus dunkelgrünem Wachs und die Schleife aus doppelt gelegter blauer Wachsplatte gefertigt. In die Mitte drücken Sie ein blaues Wachskügelchen. Auf die Borte am unteren Kerzenrand drücken Sie einen schmalen grünen Wachsstreifen auf.

36. Weihnachtsstern

Material

- Kerze: 6 cm ⌀, 15 cm hoch
- Verzierwachs in Dunkelgrün, Dunkelrot und Gelb

Anleitung

Befestigen Sie zuerst als Borte einen roten Wachsstreifen (ca. 7 mm breit) unten auf der Kerze. Für den Weihnachtsstern ordnen Sie acht große Blütenblätter kreisförmig auf der Kerze an. Acht kleinere Blütenblätter legen Sie versetzt darüber. Drücken Sie die Blütenblätter außen noch nicht fest an, damit Sie nach Belieben noch einige Ilexblätter anpassen können.

In die Blütenmitte drücken Sie kleine grüne Wachskügelchen, ein paar kleinere gelbe und winzige rote Wachskügelchen. Für den Tannenzweig rollen Sie dunkelgrünes Wachs dünn aus und legen Nadel für Nadel an den Zweig.